W0460868

Michael Brenner

Mythen, Träume, Visionen

Michael Brenner

MYTHEN TRÄUME VISIONEN

Bilder der neuen Katakombe an der Via Latina in Rom

EOS
VERLAG + DRUCK ST. OTTILIEN

GEWIDMET
MEINEN KINDERN
MICHAELA, STEFAN, CHRISTOPH UND TOBIAS

Vorderseite: Vision Jakobs. Kammer B der Katakombe.
Rückseite: Herkules besiegt die Hydra.
rechter Arkosolbogen von Kammer N.

Die Deutsche Bibliothek – CIP-Einheitsaufnahme

Brenner, Michael:
Mythen, Träume, Visionen : Bilder der neuen Katakombe an der Via Latina in Rom / Michael Brenner. - St. Ottilien : EOS-Verl., 1999
ISBN 3-88096-870-5

1999, EOS-Verlag, D-86941 St. Ottilien

INHALT

DIE MALEREIEN IN DER NEUEN KATAKOMBE AN DER VIA LATINA IN ROM

Im Jahre 1955 wurde an der Via Latina in Rom eine kleine Katakombe mit Malereien von einzigartiger Schönheit entdeckt, die etwa zwischen den Jahren 320 und 360 n.Chr. entstanden sind[1]. Ganze Bilderreihen alttestamentlicher Themen wechseln sich ab mit mythologischen Szenen, vor allem aus der Herkulessage. Neutestamentliche Themen sind fast nicht anzutreffen, doch leuchtet hinter dem alttestamentlichen Bild bereits die neutestamentliche Sinngebung auf. Man hat fast den Eindruck, als würden Inhalte des Neuen Testaments in Bildern des Alten Testaments und der griechischen Mythologie ausgedrückt, welchen Grund es auch immer haben mag, kaum neutestamentliche Szenen zu malen[2].

Den Bildern liegen anscheinend Vorlagen aus der alttestamentlichen Buchmalerei zugrunde, die ganze Bildergeschichten in epischer Breite erzählen, sowie Vorbilder aus der Sarkophagkunst und der Malerei der frühchristlichen Basiliken des 4. Jahrhunderts. Auch die existentiellen Aussagen des Johannesevangeliums mögen in der damaligen Glaubens- und Vorstellungswelt in Rom großen Anklang gefunden und die Bildauswahl beeinflußt haben.

Außerdem fanden hellenistische und christliche künstlerische Einflüsse aus Zentren in Kleinasien, Syrien und Ägypten in Rom Eingang. Die Darstellungen der einzelnen Kammern erzählen von Vertreibung und Trauer (Adam und Eva), von Flucht (Lot), von Visionen und Träumen (Abraham, Jakob, Josef), von Schuld und Vergebung (Jona), von Leid (Ijob), von Verwünschen und Segnen (Bileam), von Todesüberwindung (Herkules, Simson) und Rettung (Durchzug durch das Rote Meer), von Auferstehung (Lazarus) und Himmelfahrt (Elija) und Unsterblichkeit (Sokrates).

Mythen, Träume und Visionen durchziehen das ganze Alte Testament, münden in eine phantasievolle Bilderwelt in der Bemalung unterirdischer Gräber, einer »Gegen-Welt« von unterirdischer Hoffnung, und haben nur eine Sehnsucht: das Leben, das von Gott kommt.

»Selig, die arm sind im Geiste Gottes«, heißt es in der Bergpredigt, das sind die Menschen, die als Bettelarme, die wir am Ende alle sind, um das Leben bitten, das nur Gott den Menschen schenken kann. Diese Armen sind wir heute genauso wie die Christen Roms in der Katakombenzeit vom 2. Jahrhundert bis zum Ende des 4. Jahrhunderts n.Chr.

Was können die Erzählungen über große Gestalten des Alten Testaments, ihre Visionen und Träume, und die dazugehörigen Bildfresken in der Katakombe an der Via Latina über uns und für unsere eigene Existenz heute aussagen auf dem Hintergrund von Tod und Auferstehung, das heißt, in dem Wissen, daß wir sterben müssen und doch die Sehnsucht in uns wohnt nach einem Weiterleben in einer neuen Welt?[3]

Allen sieben Gestalten des Alten Testaments und der Gestalt des Sokrates ist gemeinsam, daß sie vor ihrer persönlichen »Katastrophe«, einer »Wendezeit« ihres Lebens stehen:
Der altgewordene Abraham hat kein eigenes Kind von seiner Frau Sara, Lot rettet sich mit seiner Familie aus einer untergehenden Stadtkultur, Jakob entzieht sich dem tödlichen Haß seines Bruders Esau und flieht, Josef wird aus Neid von seinen Brüdern in die Sklaverei verkauft, Bileam begegnet dem drohenden Engel, der ihn zur Lebensentscheidung zwingt, Simson geht geblendet seinem Ende entgegen, Elija nimmt Abschied und hinterläßt sein Vermächtnis, der griechische Philosoph Sokrates steht vor seiner Hinrichtung.

Gibt es einen Gott, der ihnen neues Leben schenkt?

DIE VISION ABRAHAMS

Der Herr erschien Abraham bei den Eichen von Mamre. Abraham saß zur Zeit der Mittagshitze am Zelteingang. Er blickte auf und sah vor sich drei Männer stehen. Als er sie sah, lief er ihnen vom Zelteingang aus entgegen, warf sich zur Erde nieder und sagte: Mein Herr, wenn ich dein Wohlwollen gefunden habe, geh doch an deinem Knecht nicht vorbei.
Sie fragten ihn: Wo ist deine Frau Sara? Dort im Zelt, sagte er. Da sprach der Herr: In einem Jahr komme ich wieder, dann wird deine Frau Sara einen Sohn haben.

Gen 18,1-3.9-10

Die Vision Abrahams (Kammer B)

Das Katakombenbild

In der Kammer B der Katakombe sehen wir an der rechten Wand im Arkosolbogen die Vision Abrahams unter den Eichen von Mamre. Die Bilder an der rechten Wand gruppieren sich um die Darstellung der Himmelfahrt des Elija und erzählen von Träumen, Visionen und Segenswünschen, wie von den Träumen des Josef, der Vision Jakobs bei Bethel oder dem Segen Jakobs über Ephraim und Manasse.

Im Bild sitzt Abraham auf einem großen Stein unter einem Baum. Neben ihm steht ein kleines Rind, wohl das Kalb, das Abraham für die drei Gäste vorbereiten wird. Er hat die Rechte im Redegestus erhoben ebenso wie die drei Männer, die vor ihm auf einer kleinen Anhöhe stehen. Sie sind von jugendlicher Gestalt, während Abraham als bärtiger Alter erscheint. Die linke Hand ruht auf seinem Bauch, was wahrscheinlich auf seine Beschneidung (Gen 17) hinweist, die Zeichen des Bundes mit Gott ist und Zeichen für eine Nachkommenschaft so zahlreich wie die Sterne am Himmel.

Abraham läuft den Männern nicht entgegen, wie die Bibel erzählt (Gen 18,2), sondern er behält seine sitzende Stellung bei. Nach der Auslegung des jüdischen Rabbinertums baten die drei Männer

Abraham, nicht aufzustehen, weil er wegen seiner Beschneidung noch zu geschwächt sei[4]. Auf diese Auslegung stützt sich der Katakombenmaler.

Dem Betrachter des Bildes soll der Gedanke nahegebracht werden: Wie der Engel Gottes, der an der Stelle Gottvaters handelt, Abraham und Sara in hohem Alter neues Leben ankündigt, die Geburt ihres Sohnes, so schenkt Gottvater dem Menschen, der sich dem Ende seiner Tage nähert, eine neue Geburt aus Gott, und der Mensch selbst wird neu geboren.

Wenn die Menschen Gottes Boten aufnehmen, wird ihnen neues Leben geschenkt. So verkündet das Johannesevangelium im Prolog (Joh 1,1-18), daß im Anfang das schöpferische Wort, die Verheißung war, alles neu zu schaffen. In der Verheißung war das Leben, das von Gott kommt, und das Leben, das von Gott kommt, war das Licht für die Menschen.

Das schöpferische Wort, die Verheißung Gottes, sagt das Johannesevangelium, ist Mensch unter Menschen geworden und er, Christus, hat sein Zelt unter uns aufgeschlagen, und er hat unter uns gewohnt. Allen, die ihn aufnahmen, gab er die Freiheit und die Macht, Kinder Gottes zu werden, das heißt, aus Gott neu geboren zu werden.

Die Erzählung

In der Hitze des Mittags, wenn alles Leben in dieser Gegend im Dämmerschlaf versinkt, versinkt auch Abraham am Eingang des Zeltes, dem Symbol des ständigen Aufbruchs und Unterwegseins, in Visionen und Träume. Schwer lastet auf ihm, daß allmählich für ihn der Abend des Lebens naht, und er sterben soll ohne eigenen Sohn von Sara, seiner Frau. Nur Hagar, die Magd, hat ihm einen Sohn geboren. Gott aber hat ihm versprochen, seine Nachkommen so unermeßlich zahlreich zu machen wie die Sterne am Himmel, doch zeigt sich ihm in seiner Dunkelheit nicht ein einziger Stern. Ist dieser Gott nicht mit ihm gegangen voll Güte und Menschenfreundlichkeit, voll Wahrhaftigkeit, ohne Arglist und Täuschung – ist Gott stärker als die Realität des an Alter zerfallenden Lebens?

Es ist die Sehnsucht in ihm nach einem weiteren Leben unter den »unsterblichen« Eichen von Mamre, nach der Geburt eines eigenen Sohnes; er will überleben im eigenen Kind, geboren von der Frau, die er liebt.

Gibt es ein neues Leben, das aus dem alten hervorgeht, kann das absterbende Ich sich am Ende in ein neues Leben verwandeln? Er schaut im Wachtraum hinaus in die Zukunft.

Da nähern sich ihm drei Gestalten; Engel: Gott selbst tritt hinzu in der Gestalt des Engels Jahwes am Eingang des Zeltes. Gastfreundlich lädt Abraham die Fremden ein zum Mahl – bis er beim Mahl erkennt, daß Gottes Herrlichkeit ihm erschienen ist und ihn in ein helles Licht stellt: aus Abrahams altem Schoß soll neues Leben hervorkommen; neunundneunzig Jahre ist er alt, mit hundert Jahren soll er einen Sohn bekommen, so ist die Verheißung. Wenn Gott, der Schöpfer, es will, werden Hundertjährige Kinder bekommen, denn er ist ein Gott voller Wunder.

Hört Abraham im Hintergrund das glucksende Lachen von Sara, ein ungläubiges, ein freudiges Lachen: I - s - a - a - k? Der Name Isaak – gibt er das Lachen Saras wider im Wortlaut? Geburt ist immer ein Wunder – zum Lachen, unglaublich, schmerzvoll und freudig. Isaak ist ein Kind des Lachens von Sara.

»Sara aber sagte: Gott ließ mich lachen; jeder, der davon hört, wird mit mir lachen. Wer, sagte sie, hätte Abraham zu sagen gewagt, Sara werde noch Kinder stillen? Und nun habe ich ihm noch in seinem Alter einen Sohn geboren«.

(Gen 21,6-7)

Gott ist ein Gott der ewigen Schöpfung, alles ist geworden durch seine Verheißung, sein schöpferisches Wort, das im Anfang der Welt war. Er kann den Menschen neu erschaffen am Ende seiner Tage – im Greis kann er das neue Leben erwecken. Wenn jemand an seinem Wort festhält, wird er auf ewig den Tod nicht erleiden.

»Wie kann ein Mensch, der schon alt ist, neu geboren werden? Er kann doch nicht in den Schoß seiner Mutter zurückkehren und ein zweites Mal geboren werden?«, fragt der Ratsherr Nikodemus im Johannesevangelium (Joh 3,4). Nicht aus dem Schoß seiner Mutter wird er neu geboren, sondern aus Gott, denn er kann aus den Steinen Kinder erwecken. Schon jetzt bist du neu geboren aus ihm, weil du ihm Glauben schenkst und er dir Leben.

Der Verheißung an Abraham und dem Lachen Saras tritt schroff gegenüber das Wetterleuchten des Untergangs von Sodom. Ohne Übergang erheben sich die Männer und schauen gegen Sodom (Gen 18,16). Der scheinbar verdorrte, gesegnete Schoß Saras wird gebären – das täuschend fruchtbare, unheilschwangere Sodom wird untergehen, es bringt keine Zukunft hervor. Die Boten des Lichts und des Glücks verwandeln sich in Boten des Unheils. Die apokalyptischen, endzeitlichen Engel Gottes, Jahwes, sind erschienen: Boten des Werdens und Vergehens, des Lebenschenkens und des Lebennehmens. Es sind die Boten des Gerichts: Was nicht von Gott kommt, wird vergehen und verdorren an seinem Tag, es wird sich selbst zerstören, zu Salz und Asche werden.

Er erbarmt sich von Geschlecht zu Geschlecht,
über alle, die vor ihm Ehrfurcht haben.
Er vollbringt mit seinem Arm machtvolle Taten:
Er zerstreut, die im Herzen voll Hochmut sind;
er stürzt die Mächtigen vom Thron
und erhöht die Niedrigen.
Die Hungernden beschenkt er mit seinen Gaben
und läßt die Reichen leer ausgehen.

Lk 1,50-53

DIE FLUCHT DES LOT

Als die Morgenröte aufstieg, drängten die Engel Lot zur Eile: Auf, nimm deine Frau und deine beiden Töchter, die hier sind, damit du nicht wegen der Schuld der Stadt hinweggerafft wirst. Da er noch zögerte, faßten die Männer ihn, seine Frau und seine beiden Töchter an der Hand, weil der Herr Mitleid mit ihm hatte, führten ihn hinaus und ließen ihn erst draußen vor der Stadt los. Während der Herr sie hinaus ins Freie führte, sagte er: Bring dich in Sicherheit, es geht um dein Leben. Sieh dich nicht um, und bleib in der ganzen Gegend nicht stehen.
Als die Sonne über dem Land aufgegangen war und Lot in Zoar angekommen war, ließ der Herr auf Sodom und Gomorra Schwefel und Feuer regnen, vom Himmel herab. Als Lots Frau zurückblickte, wurde sie zu einer Salzsäule.

Gen 19,15-17.23-24.26

Die Flucht des Lot aus Sodom (Kammer B)

Das Katakombenbild

In der Kammer B der Katakombe sehen wir an der linken Wand im Arkosolbogen die Flucht Lots mit seinen beiden Töchtern. Die Bilder an der linken Wand gruppieren sich um die Darstellung der Ankunft Jakobs und seiner Söhne in Ägypten (Gen 46,5-27), und sie erzählen von Vertreibung (Adam und Eva), von Flucht (Lot), von Kampf (Simson) und von Rettung (Auffindung von Mose am Nil und Rettung Jakobs und seiner Söhne vor der Hungersnot).

Im Bild hat Lot, der als bärtiger Alter dargestellt wird, mit Tunika und Pallium bekleidet, seine beiden Töchter am Handgelenk gefaßt und reißt sie in drängender Eile mit sich fort. Dieser Eindruck wird noch dadurch verstärkt, daß er aus dem Bild herauszutreten scheint.

Seine beiden Töchter, bekleidet mit Dalmatiken, zögern noch, die Flucht anzutreten. Lot hat den Blick nach rechts gewandt, dort züngeln Flammen aus der Stadtmauer. Er tritt mit seinen Töchtern aus der Stadt wie die drei Jünglinge aus dem Feuerofen. Im Tor der Stadt kann man schemenhaft die Frau Lots erkennen in weißgrauer Farbe, erstarrt zur Salzsäule. Ihre rechte Hand hält sie wie in Enttäuschung erhoben[5].

Der Genesistext erzählt, daß die beiden Engel Lot, seine Frau und seine beiden noch nicht verheirateten Töchter bei den Händen gefaßt und mit sich fortgezogen haben. Dies wird im Bild nicht dargestellt, was darauf schließen läßt, daß der Katakombenmaler sich auf eine andere Bildquelle stützt, die das Geschehen anders illustriert hat. Vielleicht handelt es sich um einen erzählenden Bilderzyklus aus einer jüdischen Handschrift.

Dem Betrachter des Bildes soll der Gedanke nahegebracht werden: Wie der gerechte Lot und seine Töchter von den Engeln Gottes aus dem brennenden, untergehenden Sodom gerettet wurden, so retten die Engel Gottes den Menschen, der sich an Gott hält, aus seinem eigenen drohenden Untergang am Ende seiner Tage, und er wird in die Welt Gottes einziehen wie Jakob mit seinen Söhnen in die rettenden Gefilde Ägyptens, und der Herr wird seinen Lebenshunger stillen, wie er Jakobs Hunger stillte.

Und es wird ebenso am Ende der Tage sein, wie es zur Zeit des Lot war: Sie aßen und tranken, kauften und verkauften, pflanzten und bauten. Aber an dem Tag, als Lot Sodom verließ, regnete es Feuer und Schwefel vom Himmel, und alle kamen um.
Denkt an die Frau des Lot! Wer sein Leben zu bewahren sucht, wird es verlieren; wer es dagegen verliert (d.h. um meinetwillen), wird es gewinnen.
Von zwei Frauen, die mit derselben Mühle Getreide mahlen, wird die eine mitgenommen, die andere zurückgelassen.

Lk 17,28-29.32-33. 35

Die Erzählung

Im Prolog des Johannesevangeliums heißt es: *»Er kam in sein Eigentum, aber die Seinen nahmen ihn nicht auf. Allen aber, die ihn aufnahmen, gab er Macht, Kinder Gottes zu werden«* (Joh 1,11-12). Wenn er, der alles geschaffen hat mit seinem Wort, Boten in seine Schöpfung sendet, nehmen seine Geschöpfe diese auf?

Zwei Engel, die Abraham besuchten, gehen am Abend nach Sodom, und die szenische Gestaltung der Gastfreundschaft wiederholt sich: Wie Abraham am Eingang seines Zeltes sitzt und dem Fremden entgegenläuft, so sitzt Lot, der Neffe Abrahams, am Stadttor, und sofort geht er den Fremden entgegen und bittet sie inständig, bei ihm zu bleiben (vgl. Lk 24,28ff: Die Jünger von Emmaus). Er läßt die ungesäuerten Brote backen, das Brot der drängenden Eile, wie das Volk Israel es buk in der Nacht des befreienden Auszugs aus Ägypten, als der Gerichtsengel durch die Häuser Ägyptens ging. Lot bricht mit den Fremden das Brot wie die Jünger von Emmaus: gehen ihm nicht auch die Augen auf und brennt ihm nicht auch das Herz in der Brust?

Die Leute von Sodom erachten die ankommenden Fremden als minderwertig, sie wollen sie behandeln wie Vieh und nicht wie Menschen ihresgleichen. Aber sind wir nicht alle Fremdlinge auf Erden und wollen beherbergt werden? Umherirrende sind wir, auf der Suche nach Freunden, nach Geborgenheit, nach Wohlstand, wie Abraham es war, der auszog aus Ur in Chaldäa in ein Land der Verheißung. Alle sind wir Fremdlinge in Gottes Schöpfung, denn der ganze Erdkreis ist sein Eigentum.

Die Leute von Sodom mißachten die Gastfreundschaft für die Fremden, die für Lot höher steht als seine eigenen Töchter und sein eigenes Leben: sie werden von den Engeln mit Blindheit geschlagen, als sie versuchen, Lot und die Engel zu ergreifen. Weil sie andere mit blindem Haß verfolgen, werden sie selbst zu »Blinden«. So läßt das Johannesevangelium Jesaja sprechen: *»Der Herr hat ihre Augen blind gemacht und ihr Herz hart, damit sie mit ihren Augen nicht sehen und mit ihrem Herzen nicht zur Einsicht kommen, damit sie sich nicht bekehren und ich sie nicht heile«* (Joh 12,40).

Den Zugang zu Gott finden wir durch die Gastfreundschaft, nicht über die Gewalt dem Fremden gegenüber. Im Fremden begegnen wir Gott. Verfremdet nähert er sich den Menschen wie den Jüngern von Emmaus. Den Menschen, der seine Blindheit selbst verschuldet, kann man nicht heilen, weil er wegen der eigenen Gier und Härte den Zugang zu Gott nicht mehr findet.

Die Leute von Sodom können der untergehenden Stadt nicht entfliehen, denn wer könnte sie selbst, die niemanden aufnehmen, beherbergen?

Die fehlende Gastfreundschaft, die Feindschaft gegenüber dem Fremden, gebiert den Untergang Sodoms und Gomorras – sie trägt den Keim der inneren Zerstörung in sich. Der Mythos vom Untergang der beiden Städte in Feuer und Schwefel basiert auf der realen Grundlage, daß gegen sich selbst zerstörend wirkt, was den fremden Menschen verachtet: Sie verachten sich selbst – denn der andere, er ist wie du.

Als die Morgenröte aufsteigt, das Licht anfängt, die Finsternis zu verdrängen, retten die Engel Lot und die Seinen aus der untergehenden Stadt in eine kleine Zuflucht (Zoar) zum Überleben, denn bei einer weiten Reise würden sie ermatten wie die Menschen der Brotvermehrung. Wie beim Exodus der Kinder Israels aus Ägypten flieht Lot mit den Seinen aus Sodom.

Das Einzige, was Lot mitnehmen kann, ist seine Familie, seine Töchter, seine Zukunft. Was wir einmal aus dieser Welt mitnehmen können, das ist nur unsere eigene Zukunft, das ist unser Leben mit Gott.

Als die Sonne über dem Land aufgegangen war, das Licht der Welt die Finsternis besiegte – gingen Sodom und Gomorra unter.

Das Geschehen ist ein mythologisches Bild für das Vergehen des Einzelnen oder auch Bild einer kosmischen Katastrophe im Zurückfallen in das Urchaos vor der Schöpfung. Es kündigt sich an und bleibt doch überraschend, ein lautloser Salzregen, der den Menschen einäschert und erstarren läßt. Lots Frau, die zurückblickt, wird zur Salzsäule. Sie blickt zurück, weil ihr Herz an Sodom hängt, sie kann sich von der Stadt nicht trennen, dort ist ihr Leben. Sie wird zur Mumie, weil sie ein Mensch ist, der seine alte untergehende Lebenswelt nicht loslassen will. Sie wird zu Asche, weil sie nicht in die zukünftige lichte Welt Gottes hineingehen kann.

Wie kann ich meinem persönlichen Untergang am Ende meiner Tage entkommen, wenn alles brennt in meinem Leben, hinter mir und um mich her, der Schrecken mich erfaßt? Schickt Gott mir seinen Engel, der mich an den Händen faßt und mich herausführt, wenn alles zerfällt in Asche; oder werde ich mit Blindheit geschlagen sein, weil mein Herz an anderem hängt? Es ist eine apokalyptische Vision für jeden Menschen, nur das nackte Leben zu retten, keinen Beutel, keine Reisetasche mitzunehmen, ein Aufbruch ohne Wiederkehr, eine wahrhaft ungeheure Reise in die Zuflucht, die Gott mir zeigt, eine Zukunft, die er mir schenkt. Unser Gott hat sich gebunden: Die Seinen kann er nicht untergehen lassen.

Kommt hierher, die ihr von meinem Vater gesegnet seid,
nehmt Gottes neue Welt in Besitz,
die seit Erschaffung der Welt für euch bestimmt ist.
Denn ich war hungrig,
und ihr habt mir zu essen gegeben;
ich war durstig,
und ihr habt mir zu trinken gegeben;
ich war ein Fremdling,
und ihr habt mich in den Kreis eurer Familie aufgenommen.

Mt 25,34-35

DIE LEBENSREISE JAKOBS

Jakob nahm einen von den Steinen dieses Ortes, legte ihn unter seinen Kopf und schlief dort ein. Da hatte er einen Traum: Er sah eine Leiter, die auf der Erde stand und bis zum Himmel reichte. Auf ihr stiegen Engel Gottes auf und nieder. Und siehe, der Herr stand oben und sprach: Ich bin der Herr, der Gott deines Vaters Abraham und der Gott Isaaks. Deine Nachkommen werden zahlreich sein wie der Staub auf der Erde. Durch dich und deine Nachkommen werden alle Geschlechter der Erde Segen erlangen. Ich bin mit dir, ich behüte dich, wohin du auch gehst, und bringe dich zurück in dieses Land. Denn ich verlasse dich nicht, bis ich vollbringe, was ich dir versprochen habe.
Jakob erwachte aus seinem Schlaf und sagte: Hier ist nichts anderes als das Haus Gottes und das Tor des Himmels.

Gen 28,11-17

Die Vision Jakobs (Kammer B)

Das Katakombenbild

In der Kammer B der Katakombe sehen wir an der rechten Wand im Arkosolbogen die Vision Jakobs bei Bethel. Die Malerei schließt im Bogen direkt an das Bild der Vision Abrahams bei Mamre an, gegenüber im selben Bogen findet sich die Darstellung, wie Jakob seine Enkel Ephraim und Manasse, die Söhne Josefs, mit überkreuzten Armen segnet, weil er den jüngeren Ephraim dem älteren Manasse vorzieht[6]. Im Katakombenbild liegt Jakob nicht mit dem Kopf auf den Steinen, wie der biblische Genesistext beschreibt, sondern er lehnt an drei großen Steinen, auf die er sich mit dem Arm stützt. Er ist ein bärtiger Alter, mit Tunika und Pallium bekleidet. Die Augen hat er wie im Wachtraum geöffnet. Er blickt nach rechts hinter sich, wo eine Leiter das Bild diagonal durschneidet. Die Leiter als Verbindung der oberen mit der unteren Welt ist aufgerichtet im Rücken von Jakob. Nicht ohne weiteres sieht der Mensch die Wirklichkeit, die hinter ihm zum Vorschein kommt. Die Wirklichkeit Gottes, die wie eine Dia-gonale unser Leben durchkreuzt, kann der Mensch nicht sehen, wenn er sich ihr nicht zuwendet. Der Mensch ist seiner Schattenwelt zugewandt und nimmt nicht wahr, was von oben aus der Welt Gottes kommt.

Auf der Leiter sieht man zwei Engel, flügellos, in jugendlicher Gestalt, wobei der eine nach unten steigt, der andere auf den oberen Sprossen hinaufsteigt. Gottvater selbst ist am Ende der Leiter nicht sichtbar, weil er wegen des mosaischen Bilderverbots (»*Du sollst dir kein Gottesbildnis machen...*« Dt 5,8) nicht dargestellt wurde.

Im Johannesevangelium sagt Jesus zu seinen ersten Jüngern, die ihn den Sohn Gottes, den König Israels nennen: »*Ihr werdet den Himmel geöffnet und die Engel Gottes auf- und niedersteigen sehen über dem Menschensohn*« (Joh 1,51). Er ist es, an dem der Vater sein Wohlgefallen hat. Das Wohlgefallen Gottes verbindet Jakob, Isaaks Sohn, mit Jesus, dem Menschensohn, Gott behütet sie auf all ihren Wegen.

Dem Betrachter des Bildes soll der Gedanke nahegebracht werden, daß er wie Jakob den Himmel offen sehen und Gott schauen wird. Gott lebt nicht in unendlicher Ferne, sondern er hat seine Engel, die er geschaffen hat, als er das Licht erschaffen hat, gesandt, daß sie hinabsteigen und seine Botschaft überbringen, und hinaufsteigen und die Wünsche und Bitten der Menschen emportragen. Sie sind die Freunde der Menschen, und sie sollen die Menschen behüten und in die unendliche Zukunft Gottes hineinführen, wie Israel mit Vater Jakob ins fruchtbare Ägypten geleitet wurde. Gott schaut auf die Menschen seines Wohlgefallens und steht in immerwährender Ver-bindung mit ihnen, er ist ihnen ganz nahe.

So heißt es im Matthäusevangelium: »*Hütet euch einen von diesen Kleinen, die an mich glauben, zu verachten, denn ihre Engel schauen immerfort das Angesicht meines himmlischen Vaters*« (Mt 18,10).

Die Erzählung

Jakob ist auf der Flucht vor dem Haß seines Bruders Esau, den er mit Hilfe seiner Mutter Rebekka überlistet hatte: Sein blinder Vater Isaak hatte ihm an Stelle seines älteren Zwillingsbruders Esau den Erstgeburtssegen gegeben. Auf dem Fluchtweg von Beerscheba nach Haran hat Jakob eine visionäre Gottesbegegnung.

Im Traum eröffnet ihm Gott seine Welt, die sich verbindet mit unserer Welt, er schaut einen Gott, der ihm verspricht, ihn zu behüten und nie zu verlassen.

Die Gegenwelt Gottes – dem wachen Bewußtsein des Menschen verborgen – nur traumhaft können wir sie erleben: Sie nähert sich Jakob im Schlaf. Verläßt uns unsere Seele nachts, um hinüberzuschauen in eine andere Welt? Der Stein, auf dem Jakob schläft, versinnbildet die harte Realität, auf der wir einerseits ruhen, die Leiter aber das Aufsteigen unserer Gedanken und Wünsche nach oben in Gottes Himmel und das Heruntersteigen der sorgenden Güte Gottes nach unten. Die harte Realität, das ist Angst und Flucht, Bedrohung und Verlassen der Heimat, Nacht und Müdigkeit – doch in all dem spricht der Herr Jakob an: Ich verlasse dich nicht, wohin du auch gehst. Dies steht am Anfang seiner Lebensreise.
Die Hoffnung, der Schlaf und die Träume begleiten Jakob[7].

Der Mensch kann nicht leben vom Brot, vom Besitzen allein; wenn die Einsamkeit ihn überfällt, steigt seine Sehnsucht empor zu den Sternen, er braucht einen Gott, der mit ihm durch das Leben geht. Der Herr behütet den Menschen, wie es bei Jesaja heißt, er vergißt ihn nicht. *»Kann eine Frau ihr Kind vergessen, eine Mutter ihren leiblichen Sohn? Und selbst, wenn sie ihn vergessen würde, ich vergesse dich nicht«* (Jes 49,15).

Der Aufbruch und die Reise Jakobs ist Sinnbild auch unserer eigenen Lebensreise: Mit dem Segen seines Vaters, der Besorgnis seiner Mutter, verfolgt vom Neid seines Bruders, bricht er von zu Hause auf. Der Lebenskampf beginnt: Er sieht sich betrogen in seiner Ehefrau, als er Lea heiratet, die er nicht liebt, deren falsches Bild er sah, die ihm aber viele Kinder schenkt. Es folgt die Liebesheirat mit der schönen Rachel, die ihm aber zunächst keine Kinder bringt. Was man liebt, ist oft nicht fruchtbar, bringt nichts hervor. Doch wenn es etwas hervorbringt, liebt man es um so mehr. So liebt er besonders Rachels Kinder, Josef und Benjamin.

Er erlebt den Lebenskampf, sieht sich zunächst betrogen um den Lohn seiner Mühen, lernt den Besitz zu mehren mit List, und am Ende folgt die Krise seiner Existenz: Er ringt mit Gott in der Nacht vor der Begegnung mit seinem Bruder, dem er mit Angst im Herzen entgegenzieht. Er ringt mit dem Dämon der Nacht, dem Dämon der Angst in sich, der sich am Morgen in einen segnenden Engel verwandelt. In den Stunden der Dunkelheit und der Angst begegnet uns der dunkle

Gott, der schweigt auf meine Lebensfragen: Wohin gehe ich? Was ist meine Zukunft? Werde ich am Ende alles verlieren, was meines Lebens Inhalt war? Ich kann vor der Vergangenheit in meinem Leben nicht davonlaufen, am Ende holt sie mich ein. Am Ende tritt mir Gott gegenüber in der Lebenskrise, die Wahrheit zeigt sich ungeschminkt; es tritt ans Licht, was meines Lebens Sinn war – oder war alles nur vergeblich? Er nähert sich mir auf dem Rückweg von der Lebensreise, im herannahenden Alter, wo ich zurückkehre zu mir selbst, dorthin, von wo ich ausgegangen bin, zum Ursprung. Laß ihn nicht los, bis er dich segnend dir Leben verspricht!

Hinkend geht Jakob ins Alter, betroffen vom Ringen mit dem dunklen Gott. Er, der in der Krise des Lebens mit Gott rang in der nicht endenwollenden Nacht, wird Gotteskämpfer genannt (= Israel).

Am anderen Morgen versöhnt sich Jakob mit seinem Bruder Esau, sie umarmen und küssen sich, es ist die Versöhnung mit seiner Vergangenheit, der er sich stellen muß. Zwischen Bethel und Bethlehem erlebt er die Geburt Benjamins, seines Jüngsten, und den Tod Rachels – das Leben kommt – das Leben entflieht. Während ihr Leben zerrinnt, gibt Rachel ihrem Sohn den Namen »Benomi«, Sohn des Unglücks, Jakob aber nennt ihn »Benjamin«, Sohn des Glücks. Und er begräbt Rachel in Bethlehem.

Fürchte dich nicht,
denn ich habe dich ausgelöst,
ich habe dich beim Namen gerufen,
du gehörst mir.
Wenn du durch Wasser schreitest,
bin ich bei dir,
wenn durch Ströme,
dann reißen sie dich nicht fort.
Wenn du durch Feuer gehst,
wirst du nicht versengt,
keine Flamme wird dich verbrennen.
Denn ich, der Herr, bin dein Gott,
ich, der Heilige Israels, bin dein Retter.

Jes 43,1-3

DIE TRÄUME JOSEFS

Einst hatte Josef einen Traum. Als er ihn seinen Brüdern erzählte, haßten sie ihn noch mehr. Er sagte zu ihnen: Hört, was ich geträumt habe. Wir banden Garben mitten auf dem Feld. Meine Garbe richtete sich auf und blieb auch stehen. Eure Garben umringten sie und neigten sich tief vor meiner Garbe. Da sagten seine Brüder zu ihm: Willst du etwa König über uns werden...?
Er hatte noch einen anderen Traum. Er erzählte ihn seinen Brüdern und sagte: Ich träumte noch einmal: Die Sonne, der Mond und elf Sterne verneigten sich tief vor mir.

Gen 37,5-8.9

Die Träume Josefs (Kammer B)

Das Katakombenbild

In der Kammer B der Katakombe sehen wir an der rechten Wand im Arkosolbogen neben dem Bild der Vision Abrahams die Malerei der Träume Josefs. Die Bilder der rechten Wand erzählen von Träumen, Visionen und Segenswünschen, wobei das Zentralbild die Himmelfahrt des Elija ist, die Bilder der linken Wand haben zum Inhalt Vertreibung, Flucht, Kampf und Rettung, mit dem Zentralbild des Einzugs Jakobs in Ägypten. Drei zweirädrige Karren fahren auf die mauerbegrenzte ägyptische Stadt zu, von je zwei Ochsen gezogen. Auf dem mittleren Karren sitzt der alte Jakob und neben ihm eine Frau, vielleicht Lea. Im rückwärtigen Teil des Wagens sieht man einen jungen Mann, vielleicht ist es Benjamin. Die insgesamt sieben Personen stehen für die siebzig Personen, die nach Ägypten kamen. Im Nil zu ihren Füßen schwimmen sieben dicke Fische, die die Fruchtbarkeit Ägyptens versinnbilden.

In der Darstellung der Träume Josefs sieht man auf einer Liege links und rechts jeweils Josef. Die beiden Träume sind in ein einziges Bild zusammenkomponiert. Auf der rechten Seite hat Josef die Augen weit geöffnet, um den Wachtraum, das Schauen einer Vision, zu verdeutlichen. Über ihm sind liegende und stürzende Getreidegarben um eine in der Mitte stehende angeordnet.

Über dem Josef der linken Seite kann man das Gesicht der Sonne im Strahlenkranz erkennen, das Haupt von Sol, und daneben, schwer erkennbar, das Gesicht des Mondes, das Haupt von Luna, inmitten grüner Wolken. Die Sterne fehlen.

Dem Betrachter des Bildes soll der Gedanke nahegebracht werden, daß am Ende des Lebens, wenn die Lebensernte eingebracht wird, alle den Menschen von Gottes Wohlgefallen Ehre erweisen, weil sie eine reichere Ernte einbringen als die übrigen. Wie sich vor Josefs Garbe die anderen neigen, so vor diesen Menschen die anderen.

Wie dem Josef Sonne, Mond und Sterne – Sinnbild seiner Familie von Vater, Mutter und elf Brüdern – in der Vision Ehre erweisen, so werden sich vor den Menschen des Wohlgefallens Gottes Sonne, Mond und Sterne neigen. Diese werden einst über den Gestirnen am Sternenhimmel stehen und heller leuchten als sie – sie sind die Heiligen Gottes.

Die Menschen von Gottes Wohlgefallen, die vor Gott mit leeren Händen stehen und um ihr Leben bitten, sie werden seliggepriesen in der Bergpredigt, sie sind das Salz der Erde und das Licht der Welt.

Das Binden der Garben bei der Ernte und das Sichneigen der Gestirne sind Bilder der Endzeit. Der Herr der Ernte ist Gott, der seine Ernte einbringt im Herbst der Zeiten. Wenn des Vaters geliebter Sohn am Himmel erscheint, werden Sonne und Mond verblassen und die Sterne vom Himmel fallen.

folgende Seiten: Einzug Jakobs in Ägypten (Kammer B)

Die Erzählung

Bedeuten die Träume Josefs, daß er einst im Lichtglanz Gottes stehen wird? Die Sonne, Symbol für Leben und Licht, die den Tag beherrscht, und der Mond, der die Nacht beherrscht, Repräsentanten des himmlischen Kosmos, Tag und Nacht, neigen sich vor ihm. Das Verneigen der Sterne ist ein »Sternenregen«, ein endzeitliches Bild, ein märchenhaftes Bild, wie die Erzählung von den »Sterntalern«. Wird Gott uns einst wie im Märchen in das Licht der Sterne stellen, werden wir einmal gleich wie Ägyptens Pharaonen im Sternenbild des Orion stehen, der über den Himmel wandert?

Die gebundenen Ähren, die Garben, sind die gebundenen, gesammelten Jahre, Ergebnis des Lebens bei der Endzeit der Ernte – und die anderen Garben neigen sich vor Josefs Garbe – er wird wie ein König der Lebensernte sein. Am Ende des Sommers, im Lebensherbst, werden seine Brüder ihm Ehre erweisen. Es sind die Träume des Josef von der Endzeit seines Lebens, er wird heller leuchten als Sonne, Mond und Sterne. Den Träumer Josef, den älteren Sohn der Rachel, den sein Vater Jakob besonders liebt, ihn werfen seine Brüder aus Eifersucht in einen ausgetrockneten Brunnen in der Wüste, damit er verdurste, obwohl er um sein Leben bettelt, und verkaufen ihn dann für zwanzig Silberlinge als Sklaven an eine Karawane, die nach Ägypten zieht.
In Ägypten, im Gefängnis, da deutet er die Träume der anderen Inhaftierten, des Obermundschenks und des Oberbäckers des Pharao.

Der Mundschenk träumte, daß er Trauben auspreßte in den Becher des Pharao und dem Pharao reichte. Die Trauben des Weinstockes auszupressen und den Becher dem anderen zu reichen, bedeutet, dem anderen Segen zu spenden, ihm Leben zu geben, und der Mundschenk wird freigelassen. Er, der Leben gibt, bekommt Leben auch zurück.

Der Bäcker des Pharao träumte, daß er Körbe auf seinem Kopfe trug, und die Vögel des Himmels kamen und pickten das Backwerk weg. Der Korb ist ein uraltes Symbol für den Mutterleib, er bedeutet Leben geben zu können und jemand nähren können. Der Bäcker läßt sich den Inhalt durch Vögel wegpicken: Er kann kein Leben mehr geben, sein Leben verläuft unfruchtbar, er hat seine Fähigkeit verlorengehen lassen, sie hat sich in Luft aufgelöst, den Lebenshunger der anderen zu stillen; er hat nichts übrig für den anderen. Er sorgt sich nicht um das Leben der anderen, er gibt nichts her von seinem Leben für das Leben der anderen, und er kann so die Liebes- und Lebenssehnsucht der anderen nicht stillen. Weil er nicht der Hüter seines Bruders sein will, von seinem Leben nichts verschenken kann, deshalb verliert er auch sein eigenes (der Pharao läßt ihn hinrichten). Bäcker und Mundschenk träumen ihr eigenes Leben, doch sie können ihre Träume nicht deuten, deuten muß sie ein anderer. Man träumt vom eigenen Schicksal und erkennt es doch nicht.

Und Josef deutet den Traum des Pharao von den sieben fetten und den sieben mageren Kühen, von den sieben vollen und sieben verdorrten Ähren, ein Traum vom Schicksal des Landes und auch vom eigenen Leben. Die sieben mageren Jahre werden die sieben guten Jahre auffressen, auf den Überfluß wird Hunger folgen, weissagt Josef. Und der Pharao setzt ihn über ganz Ägypten, damit er Vorsorge treffe und Ägypten nicht untergehe. Was Josef träumt und die Träume, die er deutet, sind Träume der existentiellen Endzeit. Es gibt Jahre der Fruchtbarkeit und Jahre der Kargheit und des Verdorrtseins, die heraufsteigen in unser Leben. Haben wir in unserem Leben vorgesorgt, daß wir nicht ermatten, wenn der Lebenshunger unsere Seele auffrißt? In der Zeit der Not, des heraufsteigenden Alters, leben wir von den guten Jahren. Reicht unsere Vorsorge aus, wie im Gleichnis von den zehn Jungfrauen: das Öl, bis der Herr der Hochzeit kommt, oder werden unsere Lampen erlöschen?

Als der Hunger um sich greift, rettet Josef seine Brüder. Sie haben Josef in den Brunnen geworfen, um ihn verhungern zu lassen, doch er gibt ihnen Brot, ihren Hunger zu stillen. Sie haben ihm sein Festkleid ausgezogen, als sie ihn in den Brunnen warfen, er aber schenkt ihnen Festkleider und lädt sie zum Mahle, zu Brot und Wein. Sie haben ihn für Geld verkauft, er aber gibt ihnen das Geld für das Getreide zurück. Sie haben ihn an eine Karawane nach Ägypten übergeben, er aber schickt eine Karawane aus, seinen Vater nach Ägypten zu holen. Am Horizont leuchtet die Bergpredigt auf. Sie haben um ihr Leben gebettelt und er schenkt ihnen Leben. So wie sie ihn verraten und ausgeliefert haben, so verlangt er von ihnen zum Schein, daß sie ihm seinen Bruder Benjamin ausliefern, dann könnten sie heimkehren. Doch den jüngeren Bruder liefern sie nicht nach Ägypten aus wie einst Josef, und so werden sie alle gerettet. Hier dreht sich die Erzählung, hier gibt er sich zu erkennen als Josef ihr Bruder, weil sie seinen jüngeren Bruder nicht übergeben.

Josef, den sie unschuldig für zwanzig Silberlinge verkauft haben, er hat seine Brüder gerettet und ihnen Brot zum Leben gegeben. Um Leben zu erhalten, hat Gott mich vor euch hergeschickt, sagt er zu seinen Brüdern, und viele von euch eine große Rettungstat erleben zu lassen (Gen 45,5.7).

Gott, der Allmächtige,
er wird dich segnen,
mit Segen des Himmels von droben,
mit Segen tief lagernder Urflut,
mit Segen von Brust und Schoß.
Deines Vaters Segen übertrifft den Segen der uralten Berge,
den man von den ewigen Hügeln ersehnt.
Er komme auf Josefs Haupt,
auf das Haupt des Geweihten seiner Brüder.

Jakobssegen Gen 49,25-26

DIE BEGEGNUNG DES SEHERS BILEAM

Damals war Balak König von Moab. Er schickte Boten zu Bileam und ließ ihm sagen: Aus Ägypten ist ein Volk herangezogen. Komm her und verfluch mir dieses Volk. Am Morgen stand Bileam auf und sattelte seinen Esel und ging mit den Hofleuten aus Moab.
Der Esel sah den Engel des Herrn auf dem Weg stehen mit dem gezückten Schwert in der Hand, und er verließ den Weg und wich ins Feld aus. Da schlug ihn Bileam, um ihn auf den Weg zurückzubringen... Da öffnete der Herr dem Esel den Mund und sagte zu Bileam: Was habe ich dir getan, daß du mich jetzt schon zum drittenmal schlägst? Nun öffnete der Herr dem Bileam die Augen, und er sah den Engel des Herrn auf dem Weg stehen, mit dem gezückten Schwert in der Hand. Da verneigte sich Bileam und warf sich auf sein Gesicht nieder.

Num 22,4-6.21.23.28.31

Die Begegnung des Sehers Bileam (Kammer F)

Das Katakombenbild

In der Kammer F der Katakombe sehen wir in der Arkosollünette der rechten Wand den Propheten Bileam, der auf seiner Eselin reitet. Mit einem Stock versucht er, die Eselin anzutreiben, die störrisch stehenbleibt. Sie scheut vor dem Engel Gottes zurück, dargestellt als bärtiger Mann; in der rechten Hand hat er einen schwertartigen Dolch drohend erhoben. Zwischen dem Engel und Bileam, der auf der Eselin reitet, steht ein Baum[8].

Die beiden anderen Arkosollünetten des Raumes stellen dar, wie Simson die Philister erschlägt und wie Hagar, die Magd Abrahams, dem Engel des Herrn am Brunnen in der Wüste begegnet, der ihr neue Hoffnung gibt und ihr unzählige Nachkommen verspricht. Sie nennt den Brunnen den *»Brunnen des Lebendigen, der nach mir schaut«* (Gen 16,14)[9].

Dem Betrachter der Kammer soll der Gedanke nahegebracht werden, daß Gott, der Simson aus der Hand der Philister rettet und der verzweifelten Hagar neues Leben und neue Zukunft schenkt, selbst einen Esel klüger erscheinen läßt als einen Wahrsager, der Gottes Volk verfluchen will, damit es nicht am Leben bleibe, anstatt es zu segnen.

Bileam erkennt seine Bestimmung im Katakombenbild unter einem Baum. Der Baum zeigt eine Analogie zum Leben und Sterben, im

Blühen und Früchtebringen und im Verdorren und Unfruchtbarsein. In seiner immer wieder sich erneuernden Lebenskraft versinnbildet er den ständigen Sieg über den Tod[10]. Als »Baum der Erkenntnis« und als »Baum des Lebens« verkörpert er Tod und Leben[11].

Unter einem Baum gehen Bileam, dem »Wahrsager«, die Augen auf, und er erkennt den lebenbringenden Engel Gottes, unter einem Baum gingen Adam und Eva, die vom Baum der Erkenntnis von Gut und Böse aßen, die Augen auf, und sie erkannten ihre Hinfälligkeit und Sterblichkeit. Im Hohlweg tritt der Engel drohend Bileam entgegen, öffnet ihm die Augen und verwehrt ihm, das fremde Israel zu verfluchen, denn Gott will, daß die Seinen Leben in Fülle haben und in eine neue Zukunft hineinziehen. Seine Zunge wird gebunden, wie bei Zacharias im Lukasevangelium bei der Ankündigung der Geburt des Johannes, und er kann nur das sagen, was Gott ihm eingibt: Er wird selbst zur Stimme Gottes. Er kündigt im Orakelspruch das aufstrahlende Licht aus der Höhe an:

Ich sehe ihn, aber nicht jetzt, ich erblicke ihn, aber nicht in der Nähe:
Ein Stern geht in Jakob auf, ein Szepter erhebt sich in Israel.

Num 24,17

Die Erzählung

Die Begegnung Bileams, reitend auf einer Eselin, mit dem Engel des Herrn, ist eine Vision: vor Bileams Augen steigt das Bild eines Engels auf, als er unterwegs ist. Bileam, zum Verfluchen gekommen, muß Israel segnen, er muß ihm Leben verheißen. Mit gezücktem Schwert tritt Bileam der Engel des Herrn entgegen. Das Schwert ist ein Instrument der Entscheidung, ein Symbol der Macht, sein rascher Schwung dem Blitz vergleichbar, Zeichen der wie ein Blitz aufleuchtenden Wahrheit[12]. Blitzartig erkennt Bileam am Ende schließlich seine Bestimmung, den anderen Segen zu sein. Es erinnert an das flammende Schwert der Cherubim, die den Weg zum Baum des Lebens im Paradies bewachen. Gott setzt Bileam eine Grenze: an das Leben, das von Gott kommt, darf er nicht rühren, sonst wird er sterben.

Dreimal bleibt die Eselin stehen und weigert sich weiterzugehen, es ereignet sich das allmähliche Sehendwerden des Bileam für Gottes Wege, für die Botschaft des Engels.

Langsam gehen Bileam die Augen auf; er ist dümmer als der Esel, sein Reittier, der in der Stunde seiner Not zu sprechen beginnt, nicht mehr weitergehen kann und unter Bileam in die Knie geht. Ist der Esel Bileams vergleichbar unserem Körper, unserer emotionalen Intelligenz, die oft schon vor unserem Geist etwas erkennt, weil sie den warnenden Engel sieht? Unser Körper wird oft zu unrecht von unserem Geist und Willen maßlos vorangetrieben und stürzt: Der Körper, der »geduldige Esel«, weigert sich, weiterzugehen auf dem verkehrten Weg und streikt. Trotzdem aber schlagen wir auf ihn ein, auch wenn wir dabei fast erdrückt werden[13].

Die Eselin fängt an zu sprechen – die Zunge Bileams aber wird gebunden, nur das zu sagen, was Gott ihm eingibt (Num 22,35). Sehen nicht oft die »Lasttragenden« mehr als die Weisen und Klugen, das »Lasttier« mehr als der Prophet? Werden nicht die Mühseligen und Beladenen, die die Herren und ihre Lasten tragen müssen, Gott eher finden als diese?

Wer ist der Engel, der uns in den Weg tritt? Es ist mein Engel, der Engel der eigenen Einsicht, der mir in den Weg tritt und sagt: Dein Weg ist verkehrt, laß das Neue und Fremde in dein Leben herein und laß es durch dein Leben hindurchziehen[14]. Wenn du den falschen Weg weitergehst, wird der Engel der eigenen Einsicht deine Seele zugrunderichten.

Verwünsche nicht das Neue, das in dein Leben tritt, du mußt es segnen, auch wenn es dir Angst macht, dich bedrängt und dich in Frage stellt. Vielleicht wandelt es sich, und es geht dir ein neuer Stern in deinem Leben auf; aus dem Chaos entsteht dir vielleicht eine neue Ordnung, ein neuer Lebensentwurf.

Wie Bileam können mir die Augen aufgehen und ich kann die Bilder sehen, die vor mir aufsteigen als Bilder meines Engels, der mir den Spiegel meines Lebens vor Augen hält, und hören, was eine innere Stimme mir sagt, die mich zu einem neuen Leben auferstehen lassen will. Vielleicht läßt mein Engel, der mit mir geht auf meinem Lebensweg, mich meine eigentliche Bestimmung erkennen, dem Bild des eigenen Ich begegnen und meinen neuen Weg erkennen. Denn

In jedem Menschen lebt ein Bild
des, was er werden soll,
solang er das nicht ist,
ist nicht sein Friede voll.

Angelus Silesius

Was ist meine Bestimmung, was ist das Bild in mir? Meist erreicht man im Leben nicht das, was man sich selbst »ein-gebildet« hat. Man weiß nicht, wohin das Leben treibt, wie man nicht weiß, wohin der Wind sich dreht. Es kann dorthin treiben und anderswohin, und das Bild verwischt sich und ein neues Bild entsteht. Doch wenn man zurückblickt am Ende des Lebens, so scheint sich alles zusammenzufügen, was vorher zufällig und unverständlich schien, und es scheint sich im Nachhinein, in der Deutung, ein Bild zu formen wie von unsichtbarer Hand gezeichnet (Schopenhauer). Ist es das Bild, das Gott dir eingezeichnet hat?

Die Zufälligkeiten und Wechselspiele, Glücksfälle und unglückliche Ereignisse finden zueinander, zufällig gefallen wie die Zahlen in einem Würfelspiel, und doch tritt aus dem Ganzen, wenn es abgeschlossen ist, ein Bild gleich einem Mosaik hervor, aus dem heraus, was möglich gewesen wäre, gebildet aus unzähligen Steinchen. Aus fast unbegrenzten Möglichkeiten und Wechselfällen des Lebens formt sich ein einziges Bild am Ende: das war mein Leben. Am Ende muß ich selbst mein Leben deuten: Habe ich auf den Engel in meinem Inneren gehört, der mir sagt, auf meine eigentliche Bestimmung zu achten, für den anderen ein Segen zu sein und selbst an diesem Segen teilzuhaben? Erscheint das Urteil über mich zuguterletzt wie ein Menetekel an der Wand?

Was bleibt am Ende, wenn man erkennt, wie das Buch Kohelet: Es ist alles vergänglicher Windhauch, der dich treibt und dich begleitet? Genieße den Augenblick, sagt das Buch Kohelet, dein Schöpfer hat ihn dir geschenkt, er ist dein Anteil am Leben unter der Sonne.

Doch am Boden dessen, was für dich aufsteigt aus dem Gefäß, das die Möglichkeiten deines Lebens birgt, da liegt, so wissen wir zuunterst die Hoffnung – am Ende wird sie dir begegnen. Am Zenith deiner Tage siehst du ein Licht, das dir in der Ferne aufstrahlt.

Was ist die heilsgeschichtliche Aussage der Erzählung? Die Begegnung Bileams mit dem Engel ist die Geschichte, wie er seine eigentliche Bestimmung erkennt, den anderen ein Segen zu sein, und wie er sehend wird für Gott und die Zukunft, die er den Menschen schenkt. Es ist ein Geschehen wie bei der Heilung des Blinden. Seine Augen werden entschleiert wie bei der Blindenheilung: *»Spruch des Mannes mit geschlossenen Augen... Spruch dessen, der Gottes Worte hört, der eine Vision des Allmächtigen sieht, der daliegt mit entschleierten Augen: Ich sehe ihn, aber nicht jetzt, ich erblicke ihn, aber nicht in der Nähe...«* (Num 24,15ff). In der Ferne schauen wir ein Licht, auf das unser Leben zuläuft.

Wie sieht unsere Zukunft aus? Der Mensch, der auf Gott hört, Bileam, der Wahr-Sager, steht auf dem Gipfel des Berges, er blickt im Wachtraum in die Zukunft, sieht das Heil der Menschen kommen. Von ferne erahnt er die kommende Geschichte, schaut das Gehen und Kommen der Völker: Auf dem Berg, wo Himmel und Erde sich berühren, nähert sich ihm Gott in einer Vision, und Bileam wahrsagt: Ich sehe einen Stern aufgehen über dem Volk, das Gott liebt. Das Volk, das Gott liebt, das sind wir, seine Menschenkinder, wir stehen im Lichtglanz Gottes, gesegnet von seinen Propheten, für das Leben mit Gott bestimmt – jeder Esel kann den Engel sehen, der uns den Weg zeigt.

Durch die barmherzige Liebe unseres Gottes
wird uns besuchen das aufstrahlende Licht aus der Höhe,
um allen zu leuchten,
die in Finsternis sitzen und im Schatten des Todes,
und unsere Schritte zu lenken auf dem Weg des Friedens.

Lk 1,78-79

DER KAMPF SIMSONS

Damals lebte in Zora ein Mann namens Manoach; seine Frau war unfruchtbar und hatte keine Kinder. Der Engel des Herrn erschien der Frau und sagte zu ihr: Gewiß, du bist unfruchtbar und hast keine Kinder; aber du sollst schwanger werden und einen Sohn gebären. Es darf kein Schermesser an seine Haare kommen; denn der Knabe wird von Geburt an ein Gott geweihter Nasiräer sein. Er wird damit beginnen, Israel aus der Hand der Philister zu befreien.

Ri 13,2.3. 5

Simson kämpft mit dem Löwen (Kammer L)

Das Katakombenbild

In der Kammer L der Katakombe sehen wir, wie Simson mit dem Löwen kämpft, im Hintergrund liegt der Löwenkadaver, in dem Bienen nisten. Der Löwe mit der Mähne, Zeichen der körperlich wilden Kraft und der Raubtierlust, wird von Simson niedergekämpft und erwürgt. Die »Mähne« von Simson, seine frei wachsenden Haare, Inbegriff der Kraft, die aus Gott herauswächst, ist stärker als die Wildheit, Raublust und Freßgier des Löwen.

Aus dem Löwenkadaver steigt das neue Leben im Bild der Bienen, die den süßen Honig sammeln. Der Löwenkampf ist ein Sinnbild der Todüberwindung und der Auferstehung. Vor Gott vergeht die Kraft des Löwen, er macht die Freßgier und Raublust zum Kadaver und läßt darin das neue Leben entstehen, das süßer ist als Honig.

Die Lünette eines Arkosolbogens in der Kammer F der Katakombe zeigt die Darstellung, wie Simson mit dem Kinnbacken eines Esel die Philister schlägt, die ihn gefangennehmen wollen.

Simson steht unbewegt mit dem hoch erhobenen Kinnbacken in der Rechten da, er hält ihn wie ein Königsszepter, in der linken Hand eine Schriftrolle. Rechts steht ein Tempel, zwischen den beiden Säulen hängt ein geraffter, beiseitegezogener Vorhang. Wahrscheinlich handelt es sich um den Tempel, den Simson, von den Philistern geblendet, zum Einsturz brachte und sich und die Philister darunter begrub.

Einer Orantenfigur gleich tritt Simson aus dem geöffneten Vorhang des Tempels hervor – ein Sinnbild für die Überwindung des Todes durch Simson. Er, der unter dem zusammenbrechenden Tempel begraben wurde, kommt gleich einem Auferstandenen heraus und tritt als Orans ein in die Welt des Lichts.

Das Bild erinnert neutestamentlich an die Vertreibung der Händler aus dem Tempel (Joh 2,13-22), wo Jesus sagt: *»Reißt diesen Tempel nieder, in drei Tagen werde ich ihn wieder aufrichten«*. Er meint den Tempel seines Leibes, ein Hinweis auf seine eigene Auferstehung. Diese Parallele verdeutlicht die Auferstehungssymbolik der Gestalt Simsons und verbindet sie mit Christus. Nichts kann Simson binden oder überwältigen, solange die Kraft Gottes mit ihm ist; mit ihr ist er stärker als die todbringenden Mächte.

In der Gestalt Simsons will uns der Katakombenmaler zeigen: Ungebunden in der Freiheit der Kinder Gottes lebend, ist der glaubende Mensch stärker als die Mordlust der anderen und mächtiger als der Tod.

Die Erzählung

Die Erzählung beginnt wie bei der Ankündigung der Geburt Johannes des Täufers, der in der Wüste von Heuschrecken und wildem Honig lebte. Die Frau des Manoach, die unfruchtbar ist, soll einen Sohn gebären. Dieser Sohn Simson wird von Geiste Gottes erfüllt sein und dem Volk Israel die Freiheit bringen. Seine gewaltige Kraft liegt in seinen Haaren, die man nicht schneiden darf; das Geheimnis seiner Kraft verbirgt sich in seiner Freiheit und Ungebundenheit den Menschen gegenüber, doch an seinen Gott ist er gebunden.

Er ist eine mythologische Gestalt[15]: Nichts und niemand kann ihn binden; er ist stärker als ein junger Löwe, dessen erwachende Mordlust er bändigt. Er hat die Gabe, sich von allen Stricken und Fesseln zu befreien, niemand kann ihn in seinen Bann ziehen: kein Alkohol, kein Glücksspiel, keine Frau; kein »Stadttor« kann ihn einsperren: so hebt er die Tore von Gaza aus den Angeln und trägt sie davon. Die Menschen setzen einander Grenzen, errichten Sperren und Mauern, legen einander Fesseln an, aus Mißtrauen und um den anderen zu beherrschen. Simsons Kraft aber kommt aus der ungebundenen Freiheit der Kinder Gottes.

Als die Philister sich nähern, um ihn gefangenzunehmen, zerreißt er die Stricke, die ihn binden, wie Fäden. Mit dem Eselskinnbacken,

Simson schlägt die Philister (Kammer F)

dem Zeichen des Narren, des Geduldigen, Lasttragenden, des Mühseligen und Beladenen, schlägt er tausend Philister, wie David mit der Steinschleuder den schwer bewaffneten Riesen Goliath schlug. Waffenlos, im Vertrauen auf seinen Gott, einfältig wie eine Taube – macht er die anderen zum Narren. Wer gegen die Kraft, die von Gott kommt, angeht, kann nicht bestehen.

Um der Liebe zu einer Frau willen, die ihn gar nicht liebt, sondern nur benutzt, verrät er das Geheimnis seiner Kraft – seine Erwählung von Gott: er verliert seine Freiheit und wird so geblendet.

Deswegen wird er blind, weil er als Blinder wieder sehend werden soll für Gott, denn als Sehender war er blind geworden für ihn[16]. Gott hatte ihm die Gabe geschenkt, über sich selbst hinauszuwachsen, als Ungebundener alle Fesseln zu sprengen, zu leben ohne Arglist und Täuschung – und es ging eine Kraft von ihm aus, solange er das Geheimnis, das Gott und ihn verband, wahrte. Die Freude und Kraft, die von Gott kommt, verlor er an ein Freudenmädchen, das sich von anderen kaufen ließ und ihn mit geheuchelter Liebe umgarnte. Delila, die er liebte, verkaufte ihn und sein Geheimnis für Geld. Das Geheimnis seiner Kraft, die grenzenlose Ungebundenheit in Gott, verschenkte er für Schmeicheleien einer Frau.

Als Gefangener muß Simson die Mühle drehen, blind, ohne Ziel, dreht er sich tagein, tagaus im Kreis, zermalmt er das Korn zu Mehl, ein Mensch in der Knochenmühle der täglichen Arbeit, blind geworden für Gott und die sich in Gott eröffnende Freiheit zu leben. Sind auch wir angekettet an einen Mühlstein, drehen uns im Kreis auf der ziellosen Jagd nach dem Geld, um das sich doch alles dreht wie im Tanz? Haben wir die Freiheit der Kinder Gottes verloren, gehen ohne Gott im Leben voran und drehen uns aus eigener Kraft doch nur im Kreis?

»Und sie ließen Simson aus dem Gefängnis holen, damit er ihr Spaßmacher sei, und sie stellten ihn zwischen die Hauptsäulen des Tempels beim Feste« (Ri 16,25). Doch Simsons Haare hatten angefangen zu wachsen, und seine Kraft kehrte zurück wie sein Glaube an den Gott, der ihn freimachte. Und mit letzter Kraft bringt er, der erblindete Narr, den sie zum Narrenkönig machen wollten wie Römer den Jesus[17], den Tempel »Dagons« und alles, was den Menschen unterdrückt, beherrscht, unfrei und zum Narren macht, zum Einsturz. Ein Sinnbild unserer eigenen Auferstehung: Im Sterben bringen wir alles, was als Zwang und Unterdrückung auf uns lastet, zum Zusammenbrechen, um in der Freiheit, die Gott uns schenkt, zu leben.

Simson, die Arme ausgestreckt zwischen den Säulen des Tempels, bringt – Christus gleich – alles zum Einsturz, was dem Menschen seine Freiheit raubt und ihn blind macht für Gott, damit alle, mit geöffneten Augen und von allen Fesseln befreit, eingehen in Gottes Reich der Freiheit – aus dem Tod kommt das Leben!

DIE HIMMELFAHRT DES ELIJA

An dem Tag, da der Herr Elija im Wirbelsturm in den Himmel aufnehmen wollte, ging Elija mit Elischa von Gilgal weg. Er sagte zu Elischa: Bleib hier, denn der Herr hat mich nach Bethel gesandt. Doch Elischa erwiderte: So wahr der Herr lebt, und so wahr du lebst: Ich verlasse dich nicht. Die beiden traten an den Jordan. Hier nahm Elija seinen Mantel, rollte ihn zusammen und schlug mit ihm auf das Wasser. Dieses teilte sich nach beiden Seiten, und sie schritten trockenen Fußes hindurch. Als sie drüben angekommen waren, sagte Elija zu Elischa: Sprich eine Bitte aus, die ich erfüllen soll, bevor ich von dir weggenommen werde. Elischa antwortete: Möchten mir doch zwei Anteile deines Geistes zufallen. Elija entgegnete: Du hast etwas Schweres erbeten. Wenn du siehst, wie ich von dir weggenommen werde, wird es dir zuteil werden. Sonst aber wird es nicht geschehen. Während sie miteinander gingen und redeten, erschien ein feuriger Wagen mit feurigen Pferden und trennte beide voneinander. Elija fuhr im Wirbelsturm zum Himmel empor. Elischa sah es und rief laut: Mein Vater, mein Vater! Wagen Israels und sein Lenker! Als er ihn nicht mehr sah, faßte er sein Gewand und riß es mitten entzwei. Dann hob er den Mantel auf, der Elija entfallen war, kehrte um und trat an das Ufer des Jordan. Er nahm den Mantel, der Elija entfallen war, schlug mit ihm auf das Wasser und rief: Wo ist der Herr, der Gott des Elija? Als er auf das Wasser schlug, teilte es sich nach beiden Seiten, und Elischa ging hinüber.

2 Kön 2,1.2.7b-14

Die Himmelfahrt des Elija (Kammer B)

Das Katakombenbild

In der Lünette des rechten Arkosols von Kammer B der Katakombe sehen wir die Darstellung der Himmelfahrt des Elija. In der rechten Bildhälfte ist ein jugendlicher Bauer sichtbar, der auf einem Felsen neben dem Ochsenjoch sitzt, vor ihm stehen zwei ausgespannte Ochsen. Vielleicht handelt es sich um den jugendlichen Elischa, der bei der Berufung durch Elija gerade mit zwölf Gespannen beim Pflügen war (1 Kön 19,19-21) und Elija folgte. Links im Bild entspringt der Jordan aus einem Felsen, Symbol des nie versiegenden Lebens, der Wiedergeburt[18]. Der Herr wandelt den Fels zur Wasserflut, und Kieselgestein zu quellendem Wasser, heißt es im Psalm 114. In der Bildmitte fährt Elija, der einen vierspännigen Wagen, eine Quadriga, lenkt, zum Himmel auf, mit der Rechten wirft er dem älter gewordenen Elischa seinen Mantel zu und überträgt ihm sein Prophetenamt. Er wirft ihm seinen Geist zu, er soll auf ihn überspringen. Es ist der Auftrag an Elischa, das Olivenöl und das Brot zu mehren, und es nicht ausgehen zu lassen, die Menschen vom Aussatz zu heilen und sie vom Tod zu erwecken.

Elija und Elischa sind Männer, die lebendig machen; sogar noch nach seinem Tod erweckt Elischa einen Toten (2 Kön 13,21).

Wie Jakob als Wagenlenker in Ägypten einzog, so zieht Elija wie ein Wagenlenker auf der Rennbahn in den Himmel ein, der Windhauch Gottes, der sich zum Wirbelsturm steigert, trägt ihn empor. Als Sieger steht er auf dem Wagen und fährt in Gottes Himmel auf. Das Bild stellt insgesamt die bereits früher erfolgte Berufung dar, rechts im Bild, und die Übergabe des Prophetenamtes an Elischa, während Elija in einer Vision des Elischa auf einem feurigen Viergespann zum Himmel entrückt und somit zum Lenker des Sonnenwagens wird.

Die Zahl vier drückt die vier Elemente aus: Feuer, Wasser, Luft und Erde, die ganze Schöpfung. Getragen und gezogen vom Universum fährt Elija zum Himmel auf, alle Elemente ziehen ihn empor.

Elijas Quadriga erinnert an den griechischen Gott Helios als Wagenlenker mit vier feurigen Rossen, der am Tag den Himmel von Osten nach Westen überquert, angekündigt von Eos, der Morgenröte, die ihm voranfährt[19].

Elija verwandelt sich bei seinem Weggang in der Vision des Elischa in die Sonne und zieht als Lichtgestirn, das den Tag erhellt, über den Himmel – ein endzeitliches Bild, eine mythologische Vorschau auf das Emporgetragenwerden des Menschen in Gottes Sternenhimmel.[20]

Du wurdest im Wirbelsturm nach oben entrückt, in Feuermassen himmelwärts. Von dir sagt die Schrift, du stehst bereit für die Endzeit, um den Zorn zu beschwichtigen, bevor er entbrennt, um den Söhnen das Herz der Väter zuzuwenden und Jakobs Stämme wieder aufzurichten. Wohl dem, der dich sieht und stirbt; denn auch er wird leben.
Jesus Sirach 48,9-11

Die Erzählung

Der Abschied Elijas von Elischa weckt die Erinnerung an den Abschied Jesu von Petrus, wobei Petrus verspricht, Jesus nicht zu verlassen und sein Leben für ihn zu geben.

Dreimal sagt Elischa zu Elija: Ich verlasse dich nicht. Dreimal fragt Jesus den Petrus, der dreimal geleugnet hat, ihn zu kennen: Hast du mich lieb? bevor er ihm sein Amt überträgt, den Menschen Hirte zu sein und sie zu behüten (Joh 21,15-18).

In der Überquerung des Jordan erscheint das Motiv des Durchzugs Israels durch das Rote Meer beim Auszug aus Ägypten: Elija schlägt mit dem Mantel auf den Jordan, und er teilt sich – es ist das Motiv des Hindurchschreitens durch den Tod, um an das »jenseitige« Ufer zu gelangen. Trockenen Fußes, unbeschadet, gehen Elija und Elischa hindurch. Die Naturgesetze werden für eine Zeitlang außer Kraft gesetzt wie bei Isaaks Geburt. Die Kraft von oben läßt die Welt innehalten, die Wasser bleiben stehen, sie fließen zurück.

Gestaltungselemente wie beim Durchzug durch das Rote Meer, beim Hindurchgehen durch die Mächte des Todes, zeigen sich im Erscheinen des Feuers, dem Innehalten des Jordan und dem Brausen des Sturmes.

Wie Elija bei seinem Weggang den Jordan überquert, so überquert Jesus nach dem Abendmahl den Bach Kidron (Joh 18,1), um zum Ölberg zu gelangen, wo die Angst vor dem Tod ihn überfällt.

Elischa, der mit Elija durch den Jordan hindurchgegangen ist, kehrt aus dem Licht Gottes, in das Elija aufgenommen wird, nochmals zurück. Er stand in der Nähe der Grenze zum neuen anderen Leben, bevor er sein Amt übernahm – bis an die Grenze hat er das Leben ausgelotet und Gottes Atem gespürt. Er hat die Grenze zum anderen Leben kurz überschritten und ist wieder zurückgekehrt.

Am Berg Horeb war Gott dem Elija bei seiner Gottsuche erschienen. Doch der Herr war nicht im Sturm, nicht im Erdbeben, nicht im Feuer; Elija begegnete ihm im leichten Wind, der ihn wie ein Frühlingswind umwehte. In ihm selbst war Sturm und Feuer und Erdbeben, bis er in der Ekstase Gott wie in der Leichtigkeit des Windes spürte. Vorangegangen war dem die Verlassenheit, die Verzweiflung, die Suche nach dem Tod, der Wunsch zu sterben auf dem Weg dorthin; der Engel Gottes aber stärkte ihn mit Brot, damit er lebe (1 Kön 19,1-13a).

Wenn wir auf unserem Lebensweg müde werden, innerlich ausgebrannt sind, uns von Gott und allen Menschen verlassen fühlen, die Todessehnsucht uns überfällt in unserer Einsamkeit, was nährt uns dann, wenn wir uns weiterschleppen wie Elija zum Berg Horeb? Wird Gott für uns zum Brot? Wird er uns wie Elija seinen Engel schicken? Wenn wir einmal Abschied nehmen, wird er, der Herr, uns im leichten

Frühlingswind begegnen und uns emportragen auf seinem Gefährt in seine Welt?

Elija sagt zu Elischa beim Abschied: Sprich eine Bitte aus, die ich dir erfüllen soll, bevor ich von dir weggenommen werde. Elischa antwortete: Möchte mir doch zweifach dein Geist zufallen!

Was kann der, der weggeht, zum Abschied uns geben, was ist sein Vermächtnis? Was sagt der, der weggeht, zum Abschied dem andern?

Wer Abschied nimmt, redet; der andere schweigt betroffen. Wer weggeht, nicht der, der bleibt, macht sich die größeren Sorgen. Die Frage bewegt am meisten den Weggehenden: Was kann ich für euch tun? Was kann ich euch schenken, für euch zurücklassen? Es ist die Sorge für die Lebenden, die er liebt, die ihm am Herzen liegen, wie Jesus bei seinem Abschiedsmahl: Was kann er ihnen hinterlassen? Darum fragt Elija den Elischa, nachdem sie den Jordan überschritten haben, die Grenze des Lebens, wo der Tod sich nähert: Was kann ich dir geben, bevor ich weggehe?

Warum macht der, der weggeht, sich Sorgen? Weil die, die bleiben, mühselig den Weg weitergehen müssen, bis sie Gott begegnen am Ende des Weges. Was kann man ihnen mitgeben für ihren Weg?

Elischa möchte etwas von der Person des Elija selbst haben: nicht langes Leben, Geld und Ruhm möchte er haben, sondern er möchte so werden wie er: etwas haben von seinem Wesen, einen Geist, der andere aufatmen läßt und befreit. Als Elija von Gott emporgetragen wird zur Freiheit der Himmel, fällt es Elischa zu: er wird anderen Leben geben, Lebenshauch für andere sein, der sie befreit aufatmen läßt. Und so macht Elischa nach dem Weggang Elijas, den seine Freunde suchen, aber nicht mehr finden können, als erstes eine Wasserquelle mit Salz gesund: er wird zum Salz der Erde; er vermehrt das Olivenöl der Witwe: er wird zum Brot des Lebens; er erweckt das einzige Kind seiner Eltern: er wird zum Licht für die Menschen.

So feiern wir als Vermächtnis den Gott, der mit uns Menschen mitgeht und uns befreit aufatmen läßt, uns sättigt mit dem Brot, das unseren Lebenshunger stillt, und mit dem Wein der Lebensfreude, bis er uns am Ende mit seinem Kuß die Seele fortnimmt.

Du hüllst dich in Licht wie ein Kleid,
du spannst den Himmel aus wie ein Zelt.

Du nimmst dir die Wolken zum Wagen,
du fährst einher auf den Flügeln des Sturms.

Du machst dir die Winde zu Boten
und lodernde Flammen zu deinen Dienern.

Du läßt die Quellen hervorsprudeln in den Tälern,
sie eilen zwischen den Bergen dahin.

Psalm 104

Epilog

SOKRATES
DIE UNSTERBLICHKEIT DER SEELE

Verbirgst du dein Gesicht, sind sie verstört;
nimmst du ihnen den Atem, so schwinden sie hin
und kehren zurück zum Staub der Erde.

Sendest du deinen Geist aus,
so werden sie alle erschaffen,
und du erneuerst das Antlitz der Erde.

Psalm 104,29.30

Die Diskussion des Sokrates über die Seele (Saal I)

Das Katakombenbild

In der Lünette des rechten Arkosols von Saal I der Katakombe sehen wir in beeindruckender Darstellung eine Gruppe von sechzehn Personen. In der Mitte sitzt ein bärtiger Mann von jugendlichem Aussehen mit nacktem Oberkörper, links und rechts umrahmt von je drei jungen Leuten, im Hintergrund erkennt man weitere neun Personen. Vor ihnen liegt ein toter oder sterbender nackter Mann, den eine der Figuren mit einem Stab an der linken Brustseite berührt. Sie zeigt auf das Herz, den Sitz der Erkenntnis und der Weisheit, die den Untergang des Menschen überdauert, weil sie unvergänglich wie die Seele ist. Der tote oder sterbende Mann hat seine Augen geöffnet, wie einer der hineinschaut ins neue Leben; er scheint am Fuß verstümmelt, seine Bauchdecke ist offen. Ebenso wie der Mann in der Bildmitte blickt er nach Osten, der aufgehenden Sonne entgegen. Der bärtige Mann in der Mitte, mit Pallium, dem Philosophengewand, dominiert das ganze Bild: er diskutiert wie ein Lehrer oder Arzt mit seinen Schülern. Es geht um den Menschen, der vor ihnen vergeht. Wie ist er zusammengefügt und wie ist sein wahres Ich? Die Nacktheit bedeutet, daß es darum geht, beim Urteilen das wahre Ich hinter dem Schein zu erkennen. Wie sich am Leib zeigt, wie jemand gelebt hat, so zeigt es sich auch an der Seele (Platon, Gorgias), *»sichtbar ist alles an der Seele, wenn sie vom Leibe entkleidet wird«*. So können nach der griechischen Mythologie die von Zeus eingesetzten Richter, seine Söhne, ein Urteil über die Seele fällen, in das »Herz« des Menschen schauen[21].

Nach Plato löst sich der Leib auf, und die Seele entflieht. Die mit dem Körper verwobene Seele trennt sich nach platonischer Auffassung beim Tod vom Körper und kehrt heim. Aus dem Tod kommt das wahre Leben[22]. Der Tod ist kein Übel, sondern die Befreiung der Seele.

Die Seele verspürt die »Liebessehnsucht« nach ihrem eigentlichen Ursprung und auf den Fittichen der Liebe möchte sie heim in den Ideenhimmel fliegen, wo sie einst schon existiert hat, bevor sie in den Körper kam[23].

Die ägyptische Mythologie spricht vom Seelenvogel aus Gold, der sich im Augenblick des Todes aus dem Leib des Toten erhebt und zum Himmel, zu den Sternen zurückfliegt, seinem Ursprungsort[24]. Möglicherweise handelt es sich bei dem bärtigen Philosophen in der Bildmitte um Sokrates, der vor seiner Hinrichtung im Gefängnis mit seinen Schülern, seinen Freunden, über die Unsterblichkeit der Seele diskutiert, bevor er den Giftbecher trinken muß. Plato hat diese Begebenheit in seinem Werk Phaidon beschrieben[25]. Phaidon zählt dabei dem Echekrates namentlich fünfzehn Personen auf, die bei der philosphischen Diskussion mit Sokrates anwesend waren, fünfzehn Personen umrahmen die Person in der Bildmitte[26].

»Gott wenigstens, sprach Sokrates, und die Idee des Lebens selbst wird wohl, wenn überhaupt etwas unsterblich ist, von jedem eingestanden werden, daß es niemals untergehe. – Beim Zeus, sagt er, von jedem Menschen ja schon, und noch mehr, denke ich, von den

Göttern. – Wenn also das Unsterbliche auch unvergänglich ist, wäre dann nicht die Seele, wenn sie doch unsterblich ist, zugleich auch unvergänglich? – Ganz notwendig. – Tritt also der Tod den Menschen an: so stirbt, wie es scheint, das Sterbliche an ihm, das Unsterbliche aber und Unvergängliche zieht wohlbehalten ab, dem Tode aus dem Wege. – Das leuchtet ein. – Ganz sicher also, o Kebes, ist die Seele unsterblich und unvergänglich...«[27].

Im Bild vereinen sich wohl die Gedankengänge von Platons Schrift »Phaidon« über die Unsterblichkeit der Seele mit denen seiner Schrift »Gorgias« über das Urteil über die Seele, das wahre Ich. In beiden Schriften wird von Sokrates die philosophische Diskussion geführt.

In der Lünette des gegenüberliegenden Arkosols sieht man Christus als Kyrios, thronend auf einer Kathedra, zwischen den Aposteln Petrus und Paulus, seitlich links und rechts umrahmt von zwei Oranten, den Seelen, die eintreten in Gottes Licht und Gott schauen. Wie Sokrates hat Christus sein Leben für die Wahrheit hingegeben, weil er die Menschen nicht hinters Licht führen wollte[28]. Weiter außen sieht man links Mose, der die Sandalen löst (bei der Gottesbegegnung am brennenden Dornbusch) und rechts den leidenden Ijob mit seiner Frau. Sie reicht ihm auf einem Stock, angewidert von dem Gestank des kranken Ijob, ein Stück Brot. Der thronende Christus ist die Darstellung der Majestas Domini, des in der Endzeit wiederkehrenden Christus, der die Menschen vor sich ruft und sie eintreten läßt in den Lichtglanz des Vaters, in Gottes neue Welt – ein eschatologisches Bild.

Dem Christus, der im Johannesevangelium sagt *»Ich bin die Auferstehung und das Leben, wer an mich glaubt, wird leben, auch wenn er stirbt, und jeder, der lebt und an mich glaubt, wird in Ewigkeit nicht sterben«* (Joh 11,25), steht auf der anderen Seite des Saales die philosophische Diskussion des Abschied nehmenden Sokrates gegenüber. Er redet über die Unsterblichkeit der Seele[29] verbunden mit dem Urteil über die Seele.

Wie Christus zwischen den Apostelfürsten Petrus und Paulus thront, so sitzt der weise Sokrates, der die unvergängliche Weisheit und die Erkenntnis des Guten, des Schönen und Wahren liebt, inmitten seiner Schüler[30] und erweckt in uns die Vorstellung von Gottvater, der in Weisheit[31] thront inmitten seiner Engel, inmitten seines himmlischen Hofstaates. Alle Personen haben den Blick, scheinbar unberührt von dem Geschehen vor ihnen, von Leid, Vergehen und Tod, in die Ferne gerichtet. Sie schauen darüber hinaus in die unendliche Weite. Über der Gruppe wölbt sich in Kassetten, mit Sternenmustern aufgeteilt, das Firmament. Jedes Feld enthält eine Blume mit vier Blättern, wahrscheinlich die vier Himmelsrichtungen ausdrückend – die sternförmigen Blumen wirken wie der Sternenhimmel.

Die dahinterstehende Bedeutung des Katakombenbildes mag für uns die Vorstellung wecken, daß Gottvater, thronend inmitten der Ratsversammlung seiner Engel, den Menschen, der vor ihm im Staub liegt und vergeht, beurteilt, richtet und heilt – und ihn neu erschafft: er ist die neue Schöpfung Gottes am achten Schöpfungstag, die mit der Auferstehung von Christus beginnt.

Gottvater thront mit den Gottessöhnen, den Engeln, in Weisheit und wendet schließlich alles zum Guten. Selbst wenn den Menschen scheinbar sinnloses Leid ereilt, so kann doch die Allmacht Gottes das Unglück wenden, denn Gott ist es, der alles von Anfang an schuf und lenkte (Ijob 38). Gott kann den Menschen, der im Leid vergeht, zu Staub zerfällt, zum neuen Leben erwecken.

Der Dulder Ijob erlebt sein Leid als rätselhaft, doch merkt er, daß er die Pläne Gottes nicht zu durchschauen vermag. Gottes Weisheit und Ratschluß lenken die Welt und die Gestirne und bestimmen über das Schicksal des Menschen. Ijob glaubt unbeirrbar an einen gerechten Gott, der schließlich auch dem Rätsel eines scheinbar sinnlosen Leids des gerechten Menschen einen Sinn zu geben vermag.

Vom Hörensagen nur, sagt Ijob zu Gott, hatte ich von dir vernommen, jetzt aber hat mein Auge dich geschaut (Ijob 42,5): ich habe dein Wesen erkannt.

Die Botschaft der Katakombenbilder im Saal I an uns ist: Auch wenn dir unschuldig das Leben genommen wird wie Sokrates, auch wenn du in rätselhaftem Leid versinkst wie Ijob, so wird doch Gottvater, der in Weisheit über allem thront, dein Schicksal zum Guten wenden; auch wenn du Angst hast wie Mose beim brennenden Dornbusch, so kannst du doch diesem Gott vertrauen, der dich wie Israel in die Freiheit der Kinder Gottes führt und dich eintreten läßt gleich den Oranten in seine Lichterwelt. Denn das Leben ist stärker als der Tod, aus dem Tod kommt das Leben. Am Ende wird der wiederkehrende Christus die Menschen, die aus Gott geboren sind und seine Kinder sind, in Gottes neue Welt hineinführen.

Dies ist die Nacht, von der geschrieben steht: Die Nacht wird hell wie der Tag, wie strahlendes Licht wird die Nacht mich umgeben. Der Glanz dieser heiligen Nacht nimmt den Frevel hinweg, reinigt von Schuld, gibt den Sündern die Unschuld, den Trauernden Freude. Weit vertreibt sie den Haß, sie einigt die Herzen und beugt die Gewalten.
In dieser gesegneten Nacht, heiliger Vater, nimm an das Abendopfer unseres Lobes, nimm diese Kerze entgegen als unsere festliche Gabe.
O wahrhaft selige Nacht, die Himmel und Erde versöhnt, die Gott und Menschen verbindet. Geweiht zum Ruhme deines Namens, leuchte die Kerze fort, um in dieser Nacht das Dunkel zu vertreiben. Nimm sie an als lieblich duftendes Opfer, vermähle ihr Licht mit den Lichtern am Himmel. Sie leuchtet, bis der Morgenstern erscheint, jener wahre Morgenstern, der in Ewigkeit nicht untergeht: dein Sohn Jesus Christus, der von den Toten erstand, der den Menschen erstrahlt im österlichen Licht.

Aus dem österlichen Exsultet, dem Lobpreis des Lichts.

Plan der neuen Katakombe an der via Latina (nach Ferrua, Pitture)

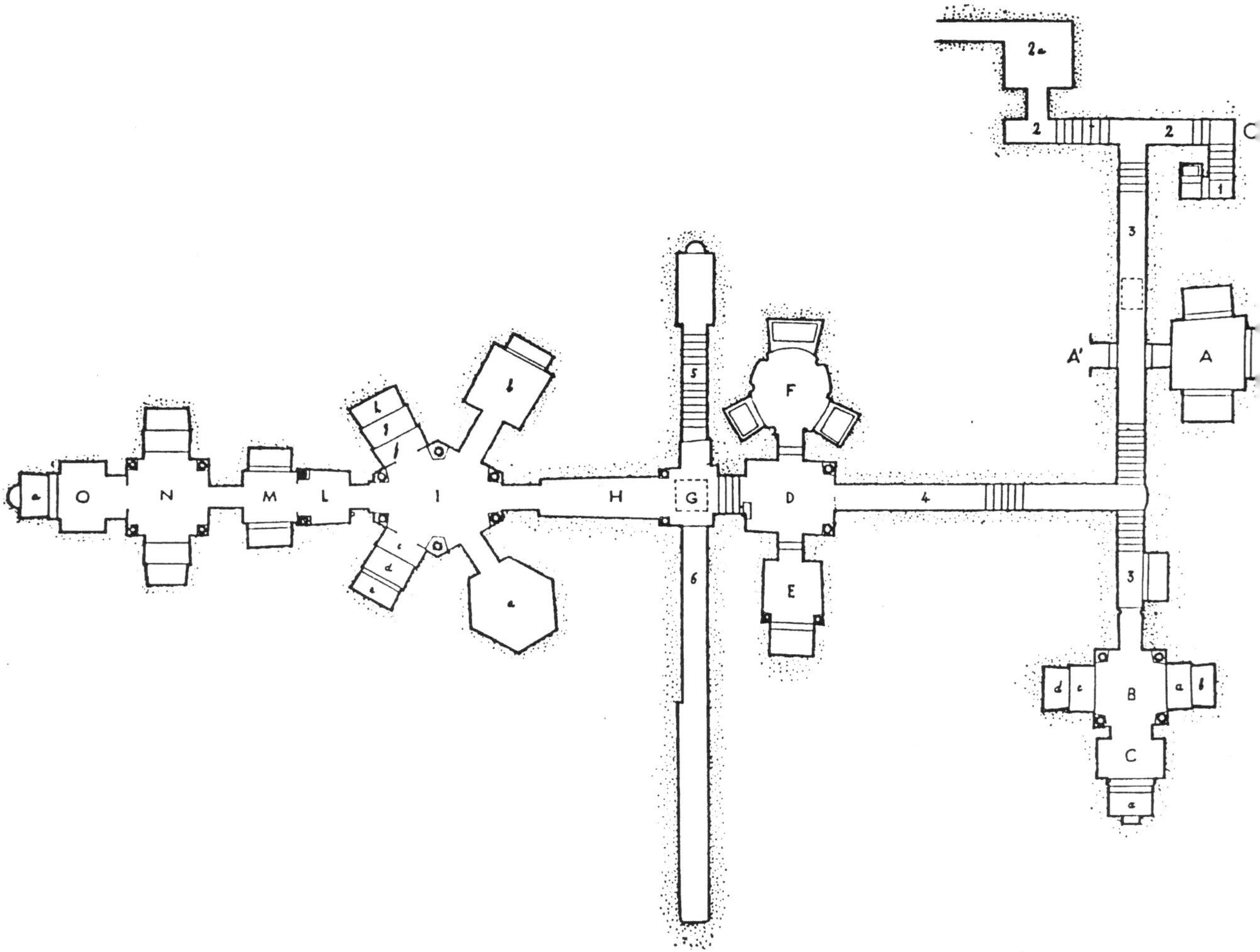

Anmerkungen

1 Siehe dazu den illustrierten Bildband: Antonio Ferrua, Katakomben, Unbekannte Bilder des frühen Christentums unter der Via Latina, Stuttgart 1991

2 Man hat fast den Eindruck, als würden den wenigen neutestamentlichen Bildern alttestamentliche Bildvorlagen zugrundeliegen, die dann vom Katakombenmaler auf das Neue Testament hin verändert wurden.

3 Die Vorstellung einer Auferstehung der Toten hat sich im Alten Testament erst allmählich entwickelt (vgl. Gen 2,19; Ps 73,23f; Ez 37; Dan 12,2). Der ägyptische Auferstehungsglaube (Isis – Osiris) ist älter.

4 vgl. Lieselotte Kötzsche-Breitenbruch, Die neue Katakombe an der Via Latina in Rom, Münster 1979, S. 56

5 vgl. dazu: Lieselotte Kötzsche-Breitenbruch, a.a.O., S. 60f

6 vgl. Gen 48,14: Jakob legt seine Rechte dem jüngeren Efraim auf den Kopf, die Linke dem älteren Manasse.

7 vgl. Immanuel Kant: Die Hoffnung, der Schlaf und die Träume begleiten stets den Menschen.

8 vgl. Lieselotte Kötzsche-Breitenbruch, a.a.O., S. 83f

9 Das Bild wird auch gedeutet als die Begegnung Jesu mit der Samariterin am Jakobsbrunnen, wo er ihr lebendiges Wasser verheißt, das ihren Durst für immer stillt. Der Katakombenmaler malt ein alttestamentliches Bild mit Hagar und dem Engel, hinter dem für den Betrachter bereits das neutestamentliche Bild aufleuchtet: Gott schenkt Leben.

10 vgl. Gerd Heinz-Mohr, Lexikon der Symbole, Düsseldorf-Köln 1971, 3. Aufl. 1974, S. 44ff

11 s. Gen 2-4

12 s. Gerd Heinz-Mohr, a.a.O., S. 262

13 s. Eugen Drewermann, Den eigenen Weg gehen, München 1995, S. 187

14 s. ebd. S. 185ff

15 vgl. ebd.: Wie Herkules ist Simson ein mythologisches Bild für die ungebändigte Kraft der Sonne, die nur in der Nacht ihre Kraft verliert, wenn sie sich mit dem Mond vermählt (Simson–Delila).

16 vgl. Joh 9,39: Ich bin in die Welt gekommen, damit die Blinden sehend und die Sehenden blind werden.

17 Das Bild des Narrenkönigs: Dornen sind seine Krone, ein zerbrechliches Schilfrohr sein Szepter, ein scharlachroter Soldatenmantel sein Königspurpur (vgl. Mt 27,28-29).

18 vgl. dazu Gerd Heinz-Mohr, a.a.O., S. 242; ebd.: Die eschatologische Bilderwelt der Offenbarung spricht vom Urquell des ewigen Lebens im Bereich des neuen Himmels.

19 In späteren Geschichten kehrt Helios bei Nacht in einer goldenen Schale nach Osten zurück, die auf dem Okeanosstrom, der die Erde umgibt, dahintreibt.

20 Der wiederkehrende Elia gilt als Vorbote der Weltendzeit (vgl. Mal 3,23; Mt 17,10f).

21 Das Bild wird in der Katakombenforschung als »Medizinische Lektion« oder »Anatomievorlesung« bezeichnet (Arkosol h von Saal I). Nach Sokrates ist der Philosoph der Arzt der Seele (vgl. Platon, Gorgias), der sie heilen und zum Guten führen will. In der bildlichen Darstellung vereinen sich die Gedankengänge von Platon, Gorgias und Phaidon. Die Nacktheit bedeutet die Entkleidung des Körpers und der Seele und ist die unbedingte Echtheit gegenüber dem Schein. Es geht darum, im Urteil das wahre Ich des Menschen zu

erkennen. Zeus hat drei Söhne zu Richtern bestellt, die Seelen der Gestorbenen zwischen Hades und Elysium zu verteilen. Viele Irrtümer geschahen, weil die Seelen noch beim Sterben, in Leib und Kleid, gerichtet wurden. Darum ordnet Zeus an, daß sie vor dem Urteil ihrer Leiber entkleidet werden (K. Hildebrandt, in Platon, Gorgias, Reclam 2046, Nachwort S. 164; vgl. Platon, Gorgias, ebd. S. 117ff)

22 vgl. zur Lehre von Plato: Handbuch theologischer Grundbegriffe, hg. von Heinrich Fries, München 1963, B. 2, S. 727ff, 324 ff

23 s. Jostein Gaarder, Sofies Welt, München-Wien 1993, S. 109

24 s. Eugen Drewermann, Ich steige hinab in die Barke der Sonne, Olten 1989, S. 93

25 Sechzehn Personen einschließlich Sokrates werden mit Namen genannt. Siehe dazu: Platon, Phaidon, Reclam 918, Stuttgart 1987, S. 5

26 Antonio Ferrua, a.a.O., S. 125, gibt fünfzehn Personen an, die im Bild die Person in der Bildmitte umrahmen: vorne sechs, hinten neun Personen; mit der Person in der Bildmitte sind es also sechzehn Personen.

27 s. Platon, Phaidon, Reclam 918, Stuttgart 1987, S. 79

28 vgl. Jostein Gaarder, a.a.O., S. 86

29 Nach der biblischen im Unterschied zur platonischen Auffassung stirbt der Mensch mit Leib und Seele, um dann von Gott zum neuen Menschen erweckt zu werden. Beiden Auffassungen ist gemeinsam, daß der Mensch im Kern unvergänglich ist.

30 Aus der griechisch-römischen Stadt Apameia in Syrien ist eine Tafel erhalten aus der 2. Hälfte des 4. Jahrhunderts n. Chr., die Sokrates inmitten seiner Weisen zeigt (Museum von Apameia). Apameia war im 4. Jahrhundert ein Zentrum des Neuplatonismus. Das letzte Emporkommen antiker Ideale fiel zusammen mit der Regierung des römischen Kaisers Julian (361-363). Vgl.

dazu J. u. J. Balty in: Welt und Umwelt der Bibel, Heft 1/1996.

31 Die Weisheit ist die mütterliche Seite Gottes (sapientia–sophia).

Herausgeber und Verlag danken der Pontificia Commissione di Archeologia Sacra, Rom und den Benedettine di Priscilla, Rom für die freundliche Erlaubnis zum Abdruck der Bilder aus der Katakombe.

Hinweis:
Die neue Katakombe an der Via Latina ist für Besucher nicht zugänglich.